Marcy Schaaf
Urdu
AF408579
جیمز
اور
اڑتا ہوا خرگوش کا
پوپ

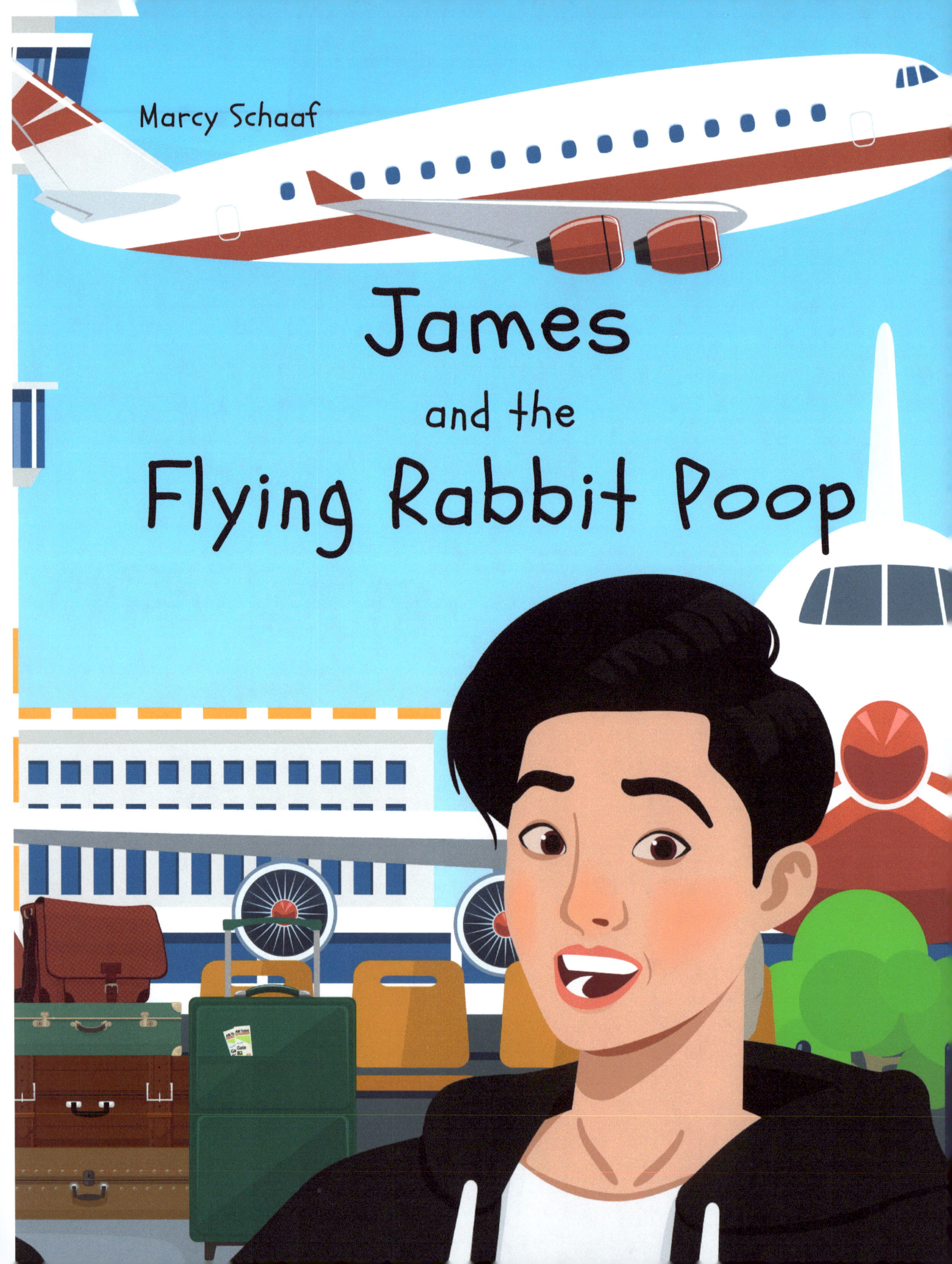

Marcy Schaaf
James
and the
Flying Rabbit Poop

Dedicated to James Le

Here's to the man who turned poop into gold and laughter into fertilizer! To the master of the magical rabbit sanctuary and the ultimate poop-tastic adventurer. May your carrots be crunchy, your rabbits be bouncy, and your flights always poop-filled (in the best way possible)! This book is dedicated to you, James, the unsung hero of the poopocalypse!

With heaps of gratitude and a sprinkle of rabbit magic,

جیمز لی کے لیے وقف

یہ ہے وہ شخص جس نے پوپ کو سونا اور ہنسی
کو کھاد میں بدل دیا! جادوئی خرگوش کی پناہ گاہ
کے ماسٹر اور حتمی poop-tastic ہہم جوئی کے
لئے۔ آپ کی گاجریں کرچی ہوں، آپ کے خرگوش
اچھل رہے ہوں، اور آپ کی پروازیں ہمیشہ پوپ
سے بھری ہوں (بہترین طریقے سے)! یہ کتاب آپ کے
لیے وقف ہے، جیمز، پوپوکلپس کے گمنام ہیرو!

شکریہ کے ڈھیروں اور خرگوش کے جادو کے
چھینٹے کے ساتھ،

Introduction

Welcome to the whimsical world of James and the Flying Rabbit Poop! Get ready to embark on a journey filled with laughter, friendship, and a whole lot of poop! In this delightful tale, you'll meet James, a kind-hearted man with a passion for animals and a knack for turning poop into magic. Join James as he travels between the islands of Hawaii, spreading joy, nourishing gardens, and feeding hungry rabbits along the way. But beware, this story isn't your average bedtime read – it's packed with personality, charm, and a whole heap of fun! So, grab your imagination and let's dive into the enchanting world of James and his poop-tastic adventure!

تعارف

جیمز اور فلائنگ ریبٹ پوپ کی سنکی دنیا میں خوش آمدید! ہنسی، دوستی، اور بہت سارے قہقہوں سے بھرے سفر پر جانے کے لیے تیار ہو جائیں! اس خوشگوار کہانی میں، آپ جیمز سے ملیں گے، جو ایک مہربان انسان ہے جس میں جانوروں کا شوق ہے اور پوپ کو جادو میں بدلنے کی مہارت ہے۔ جیمز کے ساتھ شامل ہوں جب وہ ہوائی کے جزیروں کے درمیان سفر کر رہا ہو، خوشی پھیلا رہا ہو، باغات کی پرورش کرتا ہو، اور راستے میں بھوکے خرگوشوں کو کھانا کھلاتا ہو۔ لیکن ہوشیار رہو، یہ کہانی آپ کے سونے کے وقت کی اوسط پڑھی جانے والی نہیں ہے - یہ شخصیت، دلکشی اور تفریح کے ڈھیر سے بھری ہوئی ہے! تو، اپنے تخیل کو پکڑیں اور آئیے جیمز اور اس کے پوپ ٹسٹک ایڈونچر کی پرفتن دنیا میں غوطہ لگائیں!

Once upon a time, in the sunny paradise of Oahu, there lived a man named James.

ایک دفعہ کا ذکر ہے، اوہو کی دھوپ والی جنت میں، جیمز نامی ایک شخص رہتا تھا۔

James wasn't your ordinary fellow.
Nope, he was a bonafide animal lover
with a heart as big as the ocean.

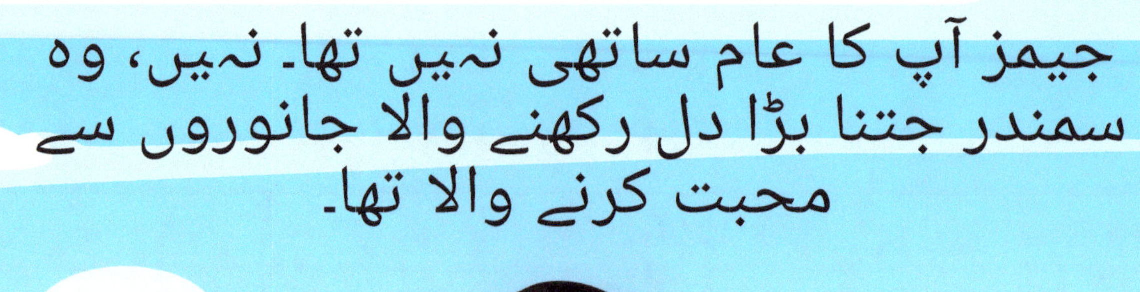

جیمز آپ کا عام ساتھی نہیں تھا۔ نہیں، وہ سمندر جتنا بڑا دل رکھنے والا جانوروں سے محبت کرنے والا تھا۔

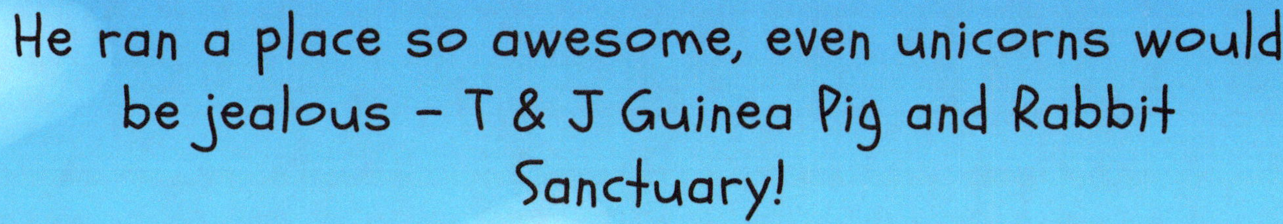

He ran a place so awesome, even unicorns would be jealous – T & J Guinea Pig and Rabbit Sanctuary!

اس نے ایک ایسی جگہ بھاگی جو اتنی شاندار
تھی، یہاں تک کہ ایک تنگاوالا بھی رشک کرے گا
– L&T گنی پگ اور خرگوش کی پناہ گاہ!

Now, hold your horses, kiddos! What in the world is a sanctuary? Well, it's like a deluxe hotel for animals who need a little extra TLC.

اب، اپنے گھوڑوں کو پکڑو، بچو! دنیا میں حرمت گاہ کیا ہے؟ ٹھیک ہے، یہ ان جانوروں کے لیے ایک ڈیلکس ہوٹل کی طرح ہے جنہیں تھوڑا سا اضافی TLC کی ضرورت ہے۔

At James's sanctuary, fluffy rabbits roamed free,
doing bunny things like nibbling on carrots.

جیمز کی پناہ گاہ میں، تیز خرگوش آزاد گھومتے تھے، خرگوش کے کام کرتے تھے جیسے گاجروں کو چبانا۔

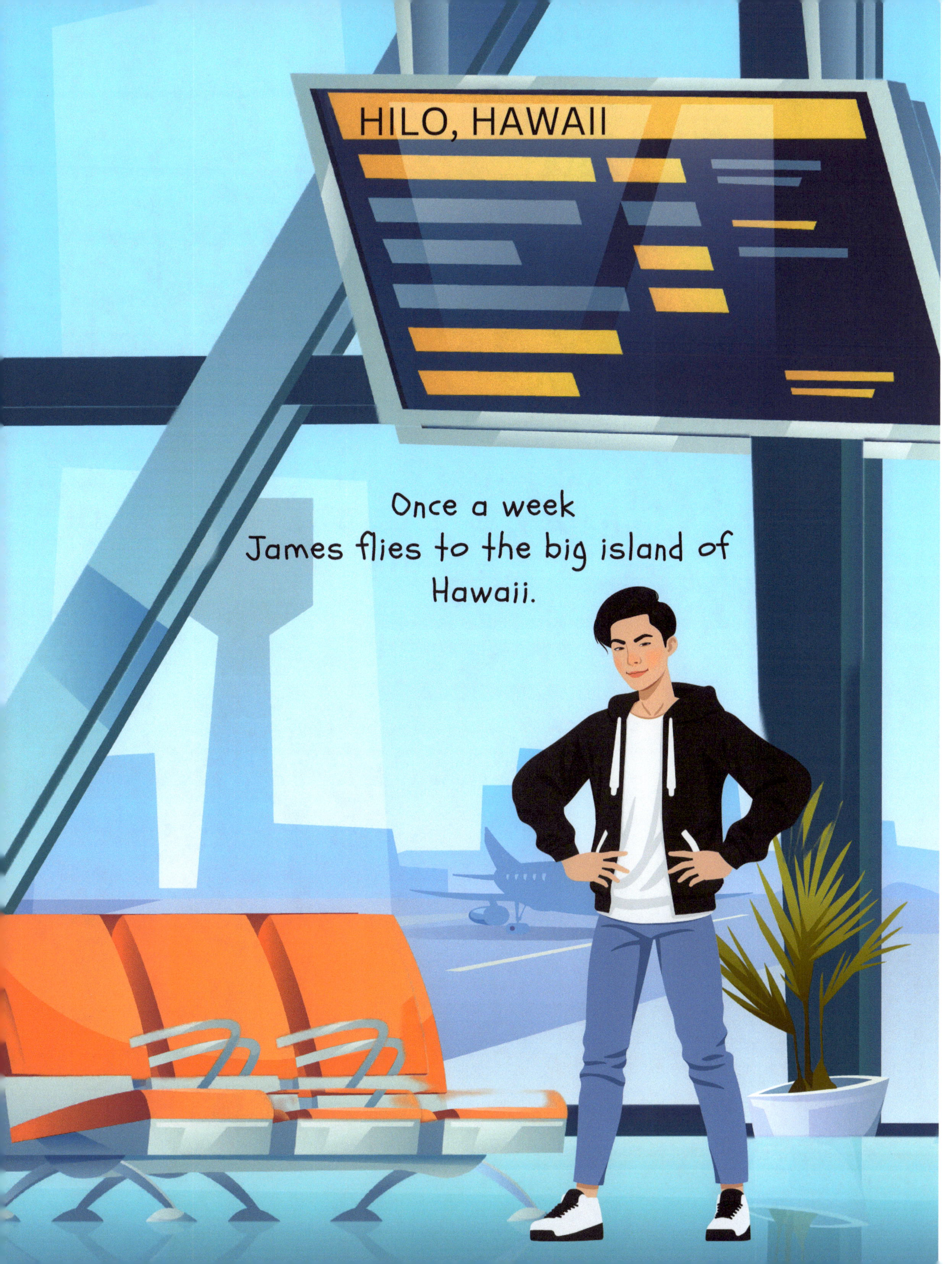

Once a week
James flies to the big island of
Hawaii.

ہفتے میں ایک بار جیمز ہوائی کے بڑے جزیرے پر جاتا ہے۔

HILO, HAWAII
But wait,
what's in his special delivery?
It's not clothes or toys,
it's... rabbit poop!

ہیلو، ہوائی
لیکن انتظار کرو، اس کی خصوصی ترسیل میں کیا ہے؟
یہ کپڑے یا کھلونے نہیں ہے، یہ ہے... خرگوش کا پوپ!

HILO, HAWAII
Now, don't go wrinkling your nose! This wasn't just any old poop. It was rabbit poop, and it was pure gold for a farmer on the big island!

ہیلو، ہوائی

اب، اپنی ناک کو شکن مت کرو! یہ صرف کوئی پرانا پپ نہیں تھا۔ یہ خرگوش کا پوپ تھا، اور بڑے جزیرے پر ایک کسان کے لیے یہ خالص سونا تھا!

This farmer was over the moon for James's poop. He'd sprinkle it on his garden like fairy dust, and bam! His veggies grew bigger than your wildest dreams!

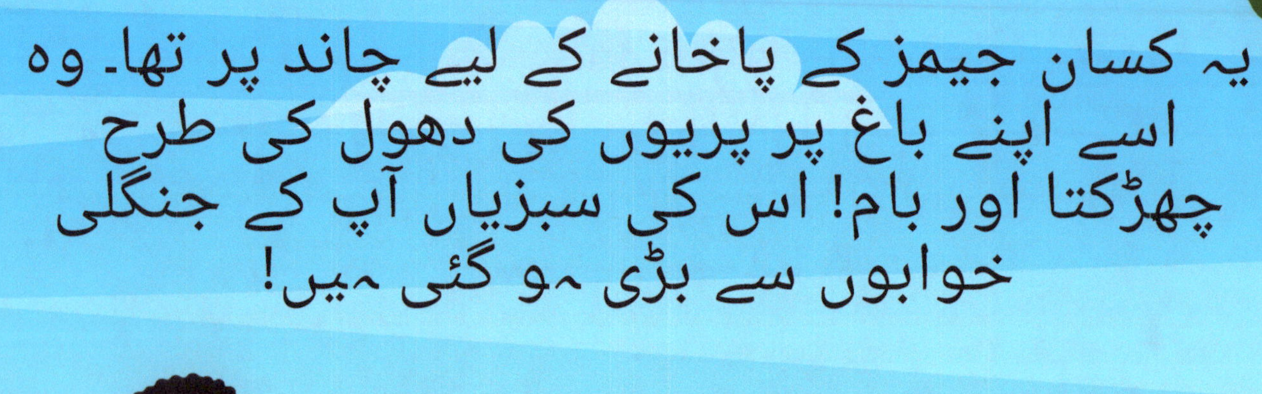

یہ کسان جیمز کے پاخانے کے لیے چاند پر تھا۔ وہ
اسے اپنے باغ پر پریوں کی دھول کی طرح
چھڑکتا اور بام! اس کی سبزیاں آپ کے جنگلی
خوابوں سے بڑی ہو گئی ہیں!

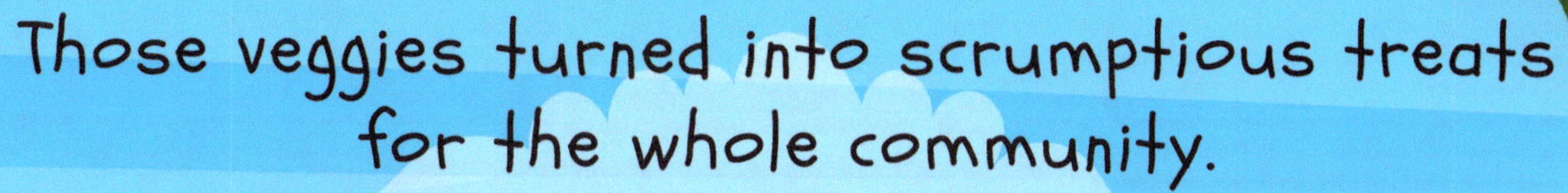

Those veggies turned into scrumptious treats
for the whole community.

Folks from all over the place would flock to the
farmer's stand on Pakaka Rd, in Pahoa just to get
a taste of his mouthwatering goodies.

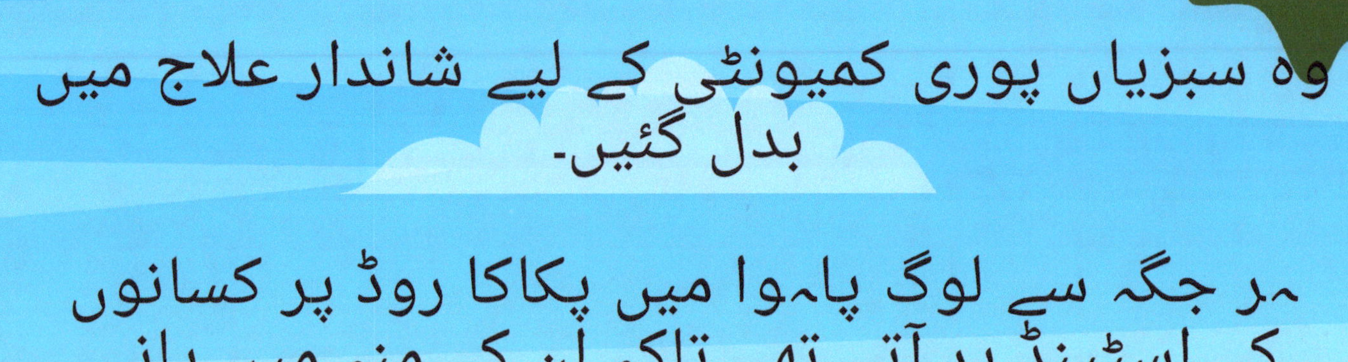

وہ سبزیاں پوری کمیونٹی کے لیے شاندار علاج میں بدل گئیں۔

ہر جگہ سے لوگ پاہوا میں پکاکا روڈ پر کسانوں کے اسٹینڈ پر آتے تھے تاکہ اُن کے منہ میں پانی بھرنے والی چیزوں کا مزہ چکھ سکیں۔

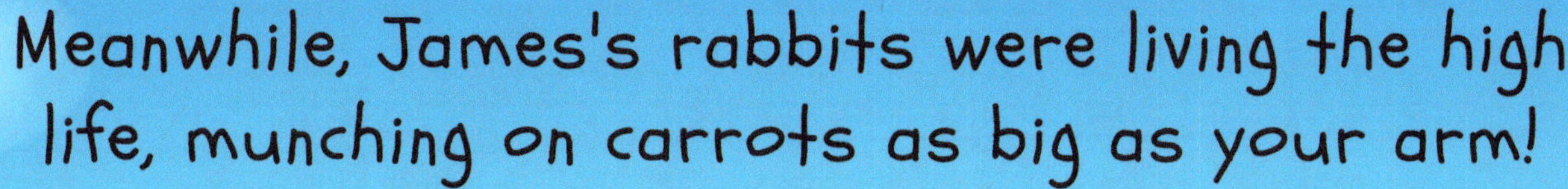

Meanwhile, James's rabbits were living the high life, munching on carrots as big as your arm!

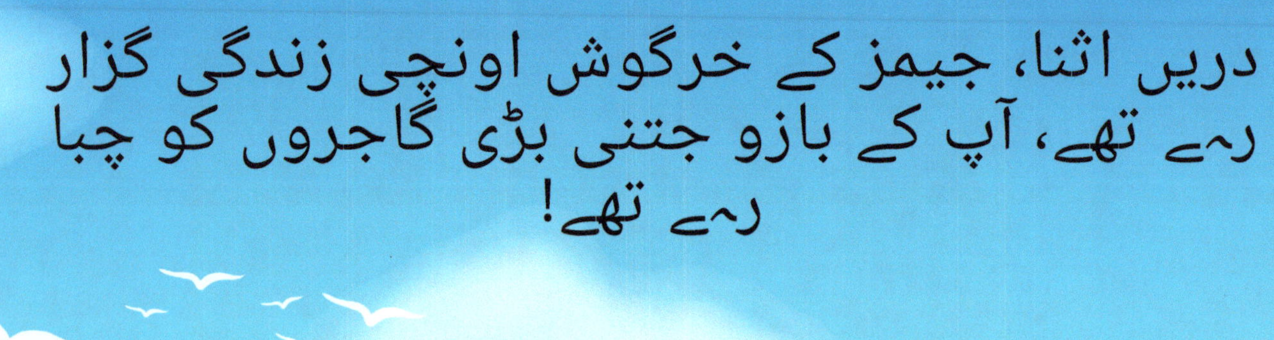

دریں اثنا، جیمز کے خرگوش اونچی زندگی گزار
رہے تھے، آپ کے بازو جتنی بڑی گاجروں کو چبا
رہے تھے!

It was like a never-ending circle of awesome!
James brings poop, the farmer grows food, and
the rabbits chow down.

یہ خوفناک کے کبھی نہ ختم ہونے والے دائرے کی طرح تھا! جیمز پاخانہ لاتا ہے، کسان کھانا اگاتا ہے، اور خرگوش چہکتے ہیں۔

And you know what they call this magical exchange? A barter system! It's like trading snacks with your pals – everybody wins!

اور آپ جانتے ہیں کہ وہ اس جادوئی تبادلے کو کیا کہتے ہیں؟ بارٹر سسٹم! یہ اپنے دوستوں کے ساتھ اسنیکس کی تجارت کی طرح ہے - ہر کوئی جیت جاتا ہے!

But here's the real magic of it all – when we all chip in a little, we can make big things happen!

لیکن یہاں اس سب کا اصل جادو ہے - جب ہم
سب تھوڑی دیر میں چپ کرتے ہیں، تو ہم بڑی
چیزوں کو انجام دے سکتے ہیں!

Now, let's put our thinking caps on. What do you reckon we should plant in the garden next time? Giant pumpkins? Rainbow-colored corn? The sky's the limit!

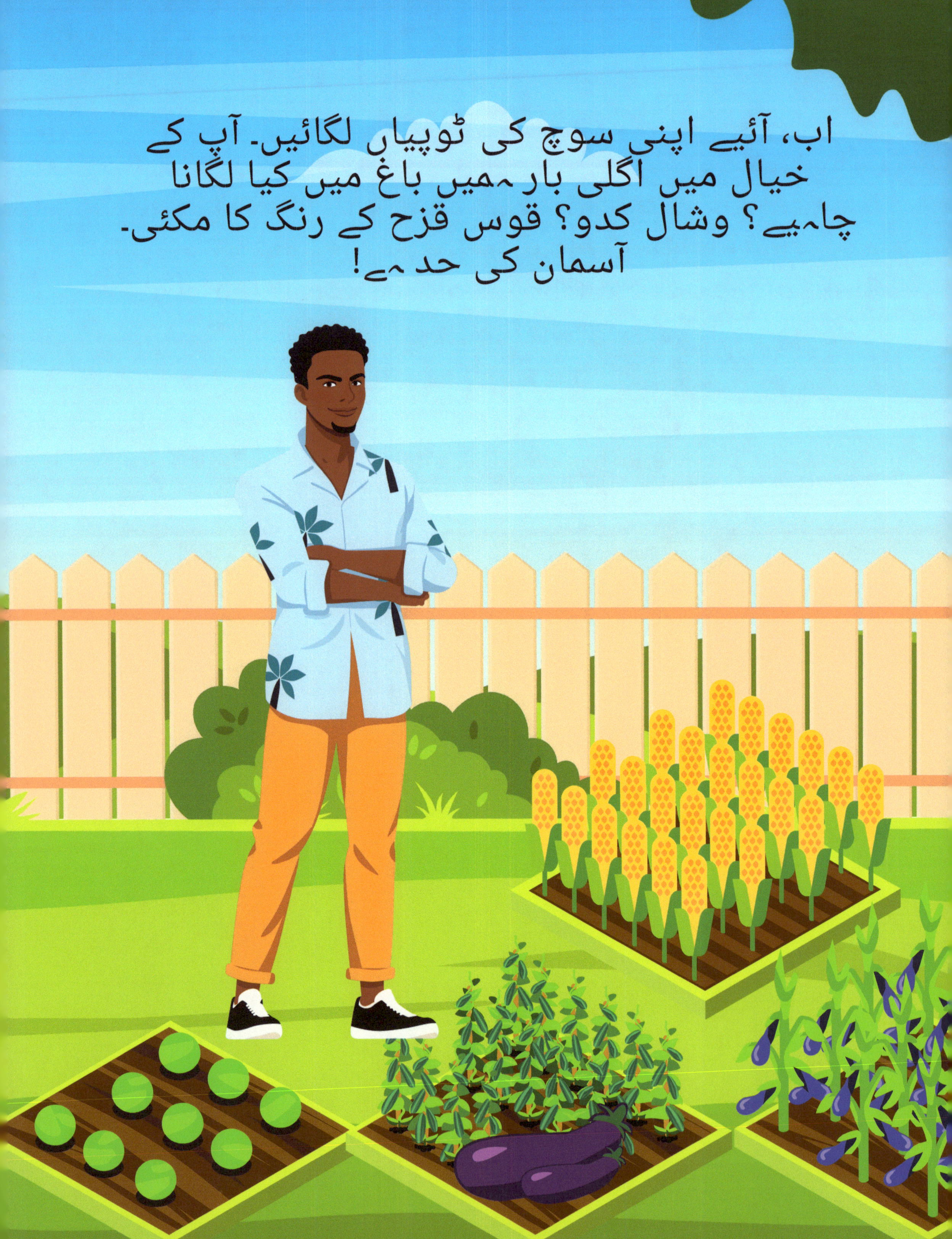

اب، آئیے اپنی سوچ کی ٹوپیاں لگائیں۔ آپ کے
خیال میں اگلی بار ہم باغ میں کیا لگانا چاہیے
چاہیے؟ وشال کدو؟ قوس قزح کے رنگ کا مکئی۔
آسمان کی حد ہے!

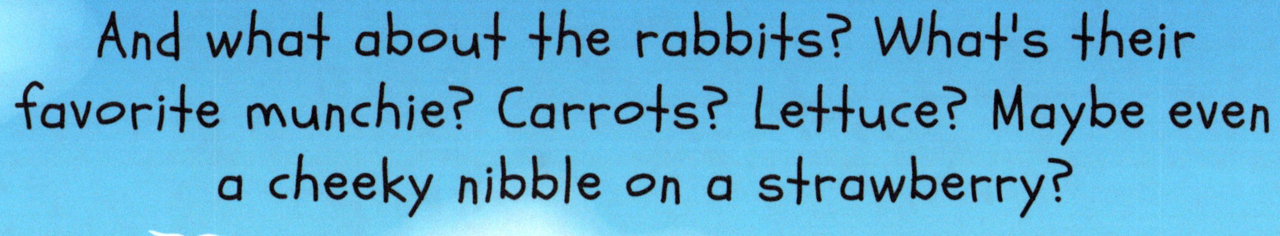

And what about the rabbits? What's their favorite munchie? Carrots? Lettuce? Maybe even a cheeky nibble on a strawberry?

اور خرگوش کا کیا ہوگا؟ ان کی پسندیدہ منچی
کیا ہے؟ گاجر۔ لیٹش؟ شاید یہاں تک کہ ایک
سٹرابیری پر ایک گستاخی نبل؟

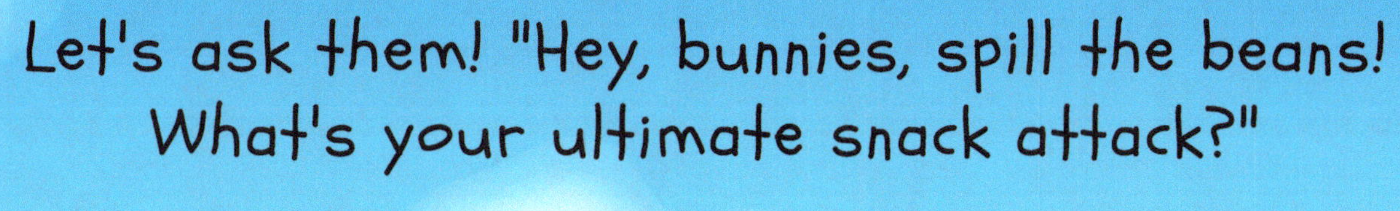

Let's ask them! "Hey, bunnies, spill the beans!
What's your ultimate snack attack?"

آئیے ان سے پوچھتے ہیں! "ارے، خرگوش، پھلیاں پھیلاؤ! تمہارا آخری اسنیک اٹیک کیا ہے؟"

They twitch their whiskers and wiggle their tails – it seems they're fans of everything green and crunchy!

وہ اپنی سرگوشیوں کو گھماتے ہیں اور اپنی دم
ہلاتے ہیں - ایسا لگتا ہے کہ وہ ہرے اور کرچی
ہر چیز کے پرستار ہیں!

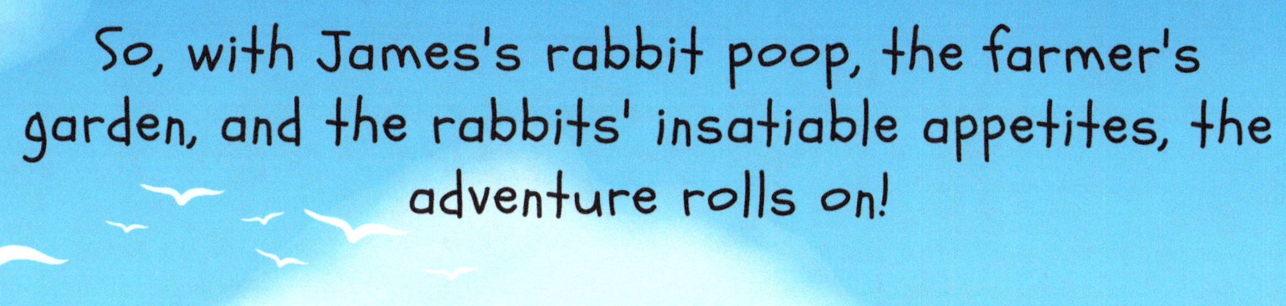

So, with James's rabbit poop, the farmer's garden, and the rabbits' insatiable appetites, the adventure rolls on!

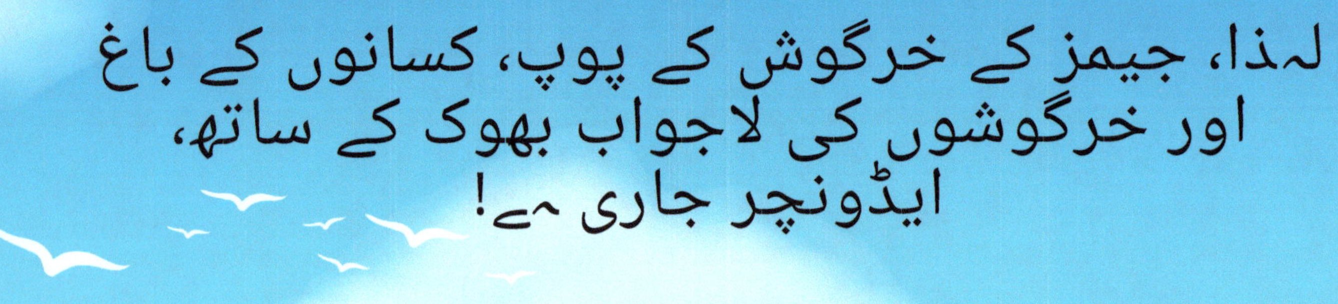

لہذا، جیمز کے خرگوش کے پوپ، کسانوں کے باغ
اور خرگوشوں کی لاجواب بھوک کے ساتھ،
ایڈونچر جاری ہے!

But remember, it's not just about poop and food.
It's about teamwork and spreading joy wherever
you go!

لیکن یاد رکھیں، یہ صرف پوپ اور کھانے کے بارے میں نہیں ہے۔ یہ ٹیم ورک اور آپ جہاں بھی جائیں خوشی پھیلانے کے بارے میں ہے!

When we all lend a hand, we can make the world
a brighter, happier place for everyone!

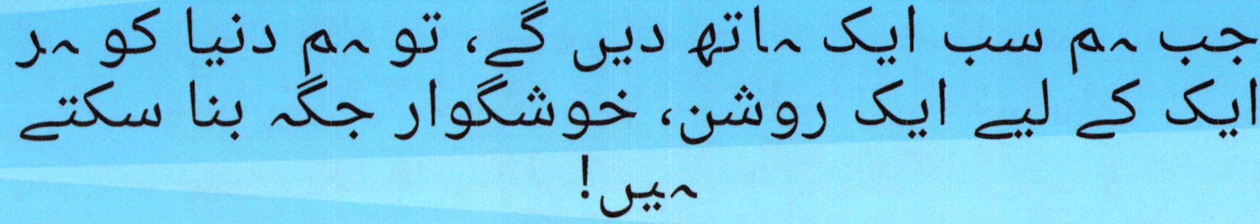

جب ہم سب ایک ہاتھ دیں گے، تو ہم دنیا کو ہر ایک کے لیے ایک روشن، خوشگوار جگہ بنا سکتے ہیں!

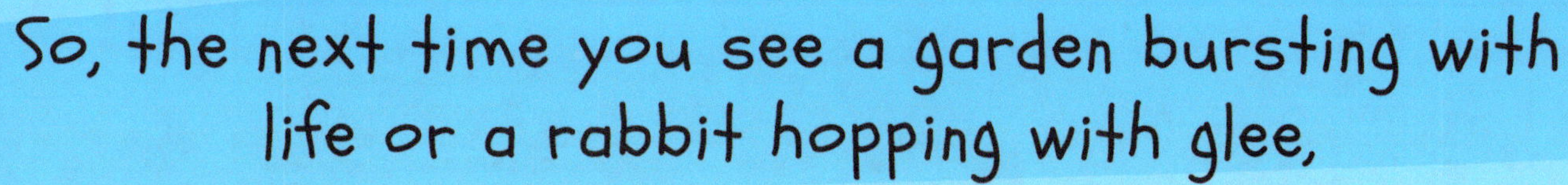

So, the next time you see a garden bursting with
life or a rabbit hopping with glee,

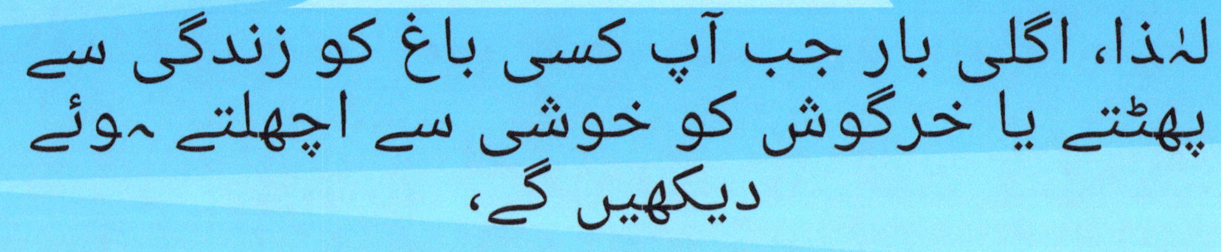

لہٰذا، اگلی بار جب آپ کسی باغ کو زندگی سے
پھٹتے یا خرگوش کو خوشی سے اچھلتے ہوئے
دیکھیں گے،

HILO, HAWAII
Think of James flying with poop and remember magic blooms from the most unexpected places.

ہیلو، ہوائی
جیمز کے پوپ کے ساتھ اڑنے کے بارے میں سوچیں اور انتہائی غیر متوقع جگہوں سے جادوئی پھولوں کو یاد رکھیں۔

whether you're a rabbit, a farmer, or a poop-carrying superhero like James, there's always something you can do to make the world a better place!

چاہے آپ خرگوش ہوں، کسان ہوں، یا جیمز جیسا پوپ اٹھانے والا سپر ہیرو، دنیا کو ایک بہتر جگہ بنانے کے لیے آپ ہمیشہ کچھ کر سکتے ہیں!

And when we join forces and work together,
there's no limit to the wonders we can achieve!

اور جب ہم افواج میں شامل ہوتے ہیں اور مل کر کام کرتے ہیں، تو ان عجائبات کی کوئی حد نہیں ہوتی جو ہم حاصل کر سکتے ہیں!

Now, let's buckle up and soar through the skies with James on one of his epic poop delivery missions!

اب، آئیے جیمز کے ساتھ اس کے مہاکاوی پوپ ڈیلیوری مشن میں سے ایک پر اکٹھے ہوجائیں اور آسمانوں پر چڑھیں!

Zoom! We're off, flying high above the clouds,
headed straight for the big island of Hawaii!

زوم! ہم بادلوں کے اوپر سے اونچے اڑتے ہوئے، براہ راست ہوائی کے بڑے جزیرے کی طرف روانہ ہوئے!

Touchdown! We land at the Hilo airport, where the farmer eagerly awaits his special delivery.

ٹچ ڈاؤن! ہم ہیلو ہوائی اڈے پر اترتے ہیں، جہاں
کسان اپنی خصوصی ترسیل کا بے تابی سے انتظار
کرتا ہے۔

James pops open his luggage, filled to the brim with bags of poop. The farmer's eyes light up like fireworks on the Fourth of July!

جیمز پاپس نے اپنا سامان کھولا، جس کے کناروں پر پوپ کے تھیلے بھرے ہوئے تھے۔ کسان کی آنکھیں چار جولائی کو آتش بازی کی طرح چمکتی ہیں!

"Thanks a million, James!" he exclaims, "This poop
is gonna work miracles in my garden!"

"ایک ملین شکریہ، جیمز!" وہ چیخ کر کہتا ہے،
"یہ پوپ میرے باغ میں معجزے کرنے والا ہے!"

And off they go, James back to Oahu and the farmer to his farm, ready to make magic happen all over again!

اور وہ چلے گئے، جیمز
واپس اوہو میں اور کسان
اپنے فارم پر، جادو کو
دوبارہ کرنے کے لیے تیار!

Oahu, HAWAII
So, let's spread kindness like confetti and make the world a better place, one poop-filled adventure at a time!

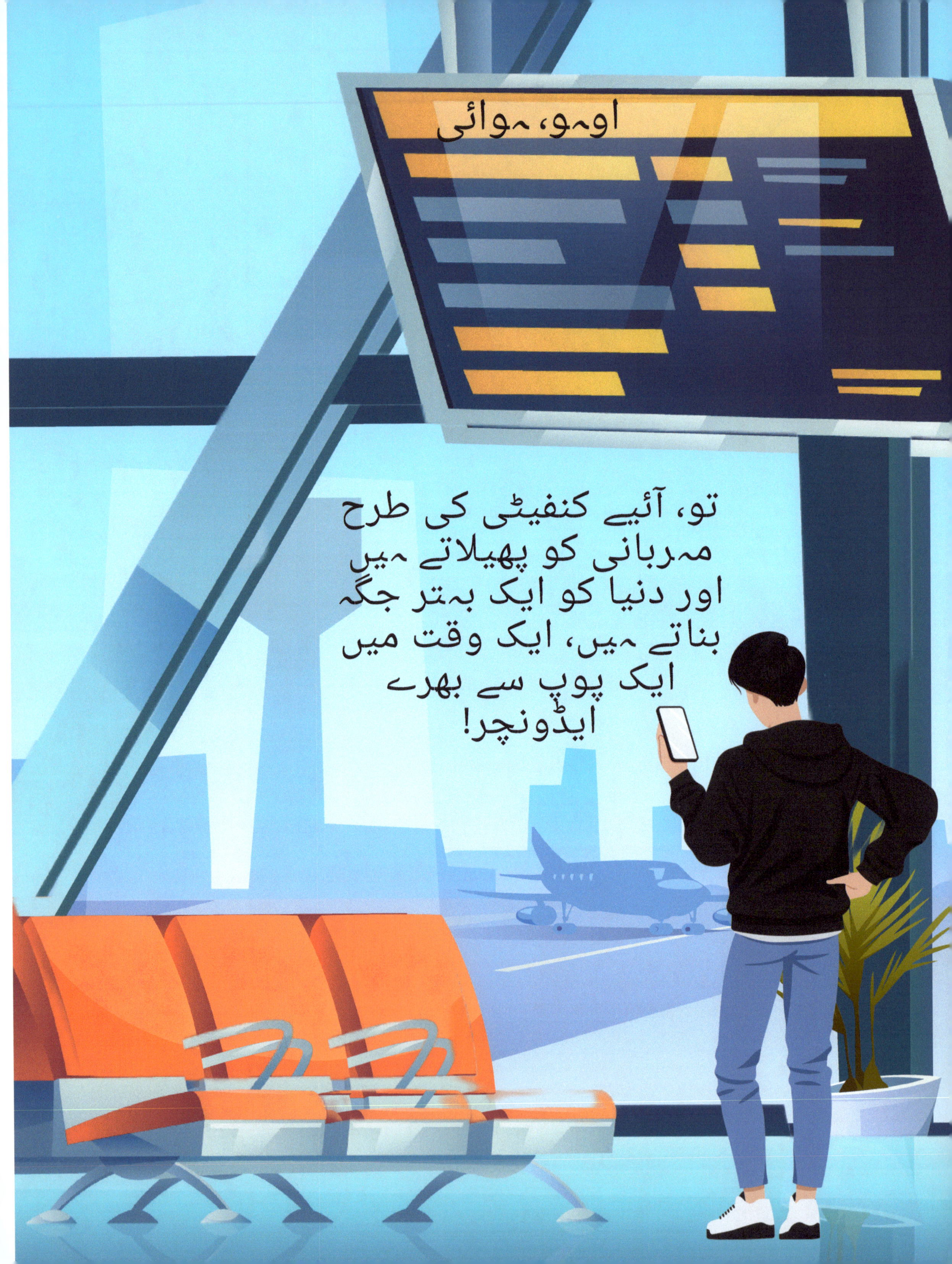

اوہو، ہوائی

تو، آئیے کنفیٹی کی طرح مہربانی کو پھیلاتے ہیں اور دنیا کو ایک بہتر جگہ بناتے ہیں، ایک وقت میں ایک پوپ سے بھرے ایڈونچر!

The end...

ختم شد...

T&J Guinea Pig and Rabbit Sanctuary Kapolei, Oahu in the Hawaiian Islands

The real James Le with Author Marcy Schaaf

Pakaka Rd
Farm Stand
located in Pahoa,
Hawaii

Books By Schaaf

www.BookBySchaaf.com

Find us at: